POLISYE

DOUGLAS BENDER
JEAN-PIERRE GASTON

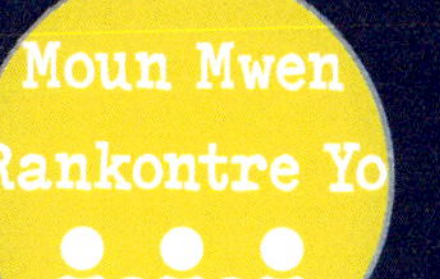

Sipò Lekòl A Kay Pou Moun Kap Bay Swen Ak Pwofesè Yo

Liv sa ede timoun yo grandi lespri yo nan kite yo pratike lekti. Men kèk kesyon kap ede lektè yo bati konpreyansyon konpetans yo. Epons posib yo parèt an wouj.

Anvan Lekti:

- De kisa mwen panse liv sa ap pale?
    - *Liv sa se sou polisye yo.*
    - *Liv sa se sou sa yon polisye sanble.*
- Kisa mwen vle aprann sou sijè sa?
    - *Mwen vle aprann ki kote yon polisye ap travay.*
    - *Mwen vle aprann kisa yon polisye fè.*

Pandan Lekti:

- Mwen mande poukisa...
    - *Mwen mande poukisa gen moun ki vin polisye.*
    - *Mwen mande poukisa polisye yo gen radyo.*
- Kisa mwen te aprann jiskaprezan?
    - *Mwen te aprann ke polisye yo fè moun santi ke yo pa nan danje.*
    - *Mwen te aprann ke gen polisye ki monte motosiklèt.*

Aprè Lekti:

- Ki detay mwen te aprann sou sijè sa?
    - *Mwen te aprann ke polisye yo ap travay nan estasyon polis yo.*
    - *Mwen te aprann ke polisye yo ka kondwi diferan kalite machin.*
- Li liv la ankò epi chèche mo vokabilè yo.
    - *Mwen wè mo* ***estasyon*** *nan paj 6 ak mo* ***motosiklèt*** *nan paj 10. Lòt mo vokabilè yo wap jwenn nan paj 14.*

Sa se yon **polisye**.

Yon polisye
ede moun.

OLICE
MINNEAPOLIS
POLICE
A. SANCHEZ

Polisye sa nan **estasyon** polis la.

Polisye sa gen
yon **radyo**.

Moun Mwen Rankontre Yo

POLISYE

Ekri pa: Douglas Bender
Ki fèt pa: Rhea Wallace
Devlopman Seri a pa: James Earley
Korektè: Janine Deschenes
Konsiltan Edikasyon: Marie Lemke M.Ed.
Tradui pa: Jean-Pierre Gaston

Photographs:
Shutterstock: VAKS: cover; John Roman Images: p. 1; Kraken Images: p.3, 14; Nic Neufeld: p.5; Photographee.eu: p. 7, 14; LightField Studio: p. 9, 14; CL Shelby: p. 10-11, 14; Simon Hogan: p. 13

Crabtree Publishing Company
www.crabtreebooks.com 1-800-387-7650

In Canada: We acknowledge the financial support of the Government of Canada through the Canada Book Fund for our publishing activities.

Published in the United States
Crabtree Publishing
347 Fifth Avenue
Suite 1402-145
New York, NY, 10016

Published in Canada
Crabtree Publishing
616 Welland Ave.
St. Catharines, Ontario
L2M 5V6

Printed in Canada/102021/CPC

29 mo

Sa se yon **polisye**.

Yon polisye ede moun.

Polisye sa nan **estasyon** polis la.

Polisye sa gen yon **radyo**.

Gen polisye ki gen **motosiklèt**.

Èske ou konnen yon polisye?

Lis Pawòl

Mo timoun rekonèt lè yo fèk kòmanse li

gen	ou	se
moun	sa	yon

Mo pouw Konnen

estasyon

motosiklèt

polisye

radyo

A. WITHERSPOON
OCEANSIDE POLICE

Èske ou konnen yon polisye?

POLICE

Gen polisye ki gen **motosiklèt**.

Gen moun ki fè livrezon ki gen yon **kamyonèt**.

Yon moun ki
fè livrezon gen
yon **inifòm**.